BEI GRIN MACHT SICH IHR WISSEN BEZAHLT

AF140784

- Wir veröffentlichen Ihre Hausarbeit,
  Bachelor- und Masterarbeit

- Ihr eigenes eBook und Buch -
  weltweit in allen wichtigen Shops

- Verdienen Sie an jedem Verkauf

Jetzt bei www.GRIN.com hochladen und kostenlos publizieren

Bibliografische Information der Deutschen Nationalbibliothek:

Die Deutsche Bibliothek verzeichnet diese Publikation in der Deutschen National-
bibliografie; detaillierte bibliografische Daten sind im Internet über http://dnb.d-
nb.de/ abrufbar.

Impressum:

Copyright © 2016 GRIN Verlag, Open Publishing GmbH
Druck und Bindung: Books on Demand GmbH, Norderstedt Germany
ISBN: 9783668441170

Dieses Buch bei GRIN:

http://www.grin.com/de/e-book/358006/swot-analyse-merchandising-licensing-
markenmanagement-und-sponsoring

Lars Flauaus

SWOT-Analyse, Merchandising, Licensing, Markenmanagement und Sponsoring im Sportverein

An Praxisbeispielen erklärt

GRIN Verlag

GRIN - Your knowledge has value

Der GRIN Verlag publiziert seit 1998 wissenschaftliche Arbeiten von Studenten, Hochschullehrern und anderen Akademikern als eBook und gedrucktes Buch. Die Verlagswebsite www.grin.com ist die ideale Plattform zur Veröffentlichung von Hausarbeiten, Abschlussarbeiten, wissenschaftlichen Aufsätzen, Dissertationen und Fachbüchern.

Besuchen Sie uns im Internet:

http://www.grin.com/

http://www.facebook.com/grincom

http://www.twitter.com/grin_com

Deutsche Hochschule für

Prävention und Gesundheitsmanagement

Hermann Neuberger Sportschule 3

66123 Saarbrücken

Einsendeaufgabe

Fachmodul:	Sportmarketing
Studiengang:	Sportökonomie
Datum Präsenzphase:	10.10.2016 – 13.10.2016
Name, Vorname:	Flauaus, Lars
Studienort:	**Stuttgart**
Semester:	**SS 2015**

Inhaltsverzeichnis

1 SWOT-Analyse

Die folgende Begriffserklärung dient dem besseren Verständnis des weiteren Aufgabenfeldes. „SWOT" steht für Strengths (Stärken), Weaknesses (Schwächen), Opportunities (Chancen) und Threats (Risiken). Diese Positionierungsanalyse stellt eine Art der eigenen Aktivität gegenüber dem Wettbewerb dar (Gabler Wirtschaftslexikon, 2016, SWOT).

1.1 Stärken-Schwächen Analyse

Im Rahmen der Aufgabenstellung erfolgt nun eine Teilanalyse mit jeweils drei Aspekten, beginnend mit der Stärken-Schwächen-Analyse des Basketball Erstligavereins Fraport Skyliners. Zu den Stärken des Vereins zählt die genaue Aufteilung der Organisationsbereiche. Die neun einzelnen Bereiche (Geschäftsführung, Organisation, Finanz- und Rechnungswesen, Marketing/ Sponsoring, Medien/ Technik, Teambetreuer, Auszubildender und Koordination Schulprogramme) weisen eine sinnvolle Verteilung der Anzahl der Mitarbeiter (je 1-3 Mitarbeiter) nach Aufgabengröße des Bereichs auf. Des Weiteren ist durch den Einsatz von drei dualen Studenten und einem Auszubildenden eine Nachhaltigkeit im Personalwesen zu erkennen (Nawrath, 2016). Auch die professionelle Unterstützung des Förderkreises ist als Stärke zu werten. Die Aufgabe, Basketball professioneller zu entwickeln wird beratend unterstützt durch zahleiche hochrangige Vertreter aus Gesellschaft, Politik und Wirtschaft (Nawrath, 2016). Starke Persönlichkeiten schaffen eine positive Außendarstellung und ermöglichen es, somit weitere Sponsoren für den Verein zu gewinnen. Auch im Bereich Nachwuchsarbeit hat der Bundesligist Stärken aufzuweisen. Das eindeutige Leitbild, den Basketball in die Gesellschaft zu integrieren und den Nachwuchs zu fördern schafft Bindung zur Region und den Fans. Das lässt sich an der Entwicklung des Zuschauerschnitts erkennen, welcher in der Saison 2015/2016 mit einem Plus von 3,9% zum Vorjahr gewachsen ist. Frankfurt hat somit die größte Entwicklung in der Basketballbundesliga zu verzeichnen (Holz, 2016).

Die Gründung der damals genannten „Skyliners" erfolgte 1999 unter anderem durch Dr. Gunnar Wöbke, der damals Großes begann aufzuziehen und mit einem Standortwechsel von Rhöndorf nach Frankfurt die Chancen der Metropole schnell erkannte. Durch eine Übernahme der Bundesligalizenz des damaligen TV Tatami Rhöndorf, sind die Fraport Skyliners heute als traditionsarm zu bezeichnen. In der ewigen Tabelle belegt man heute nur Platz elf (Holz, 2016). Die Folge daraus ist, dass man im Vergleich zu Traditions-starken Vereinen (Vergleich: ALBA Berlin) insgesamt circa 90.000 Zuschauer weniger in der Saison 2015/2016 hatte, was zu Einbußen der Zuschauereinnahmen führt Neben den geringen Zuschauereinnahmen haben die Skyliners ebenso mit dem so geringen Gesamtetat von 4 Millionen Euro zu kämpfen. In Anbetracht des Ligadurchschnitts (Saison 2015/2016) von 4,9 Millionen Euro haben Top-Clubs mit einem Höchstwert von 14 Millionen Euro deutlich mehr Möglichkeiten (Klewenhagen, 2015). Eine weitere Schwäche ist die Kapazität und Infrastruktur der Fraport Arena, Heimstätte der Fraport Skyliners. Mit einem Zuschauerschnitt von circa 4.600 und einer Kapazität von 5.002 Zuschauerplätzen landen die Skyliners im oberen Drittel der Hallenauslastung. „Für uns ist die kritische Größe 10.000 Plätze. Die brauchen wir perspektivisch, um regelmäßig an der Europaliga teilnehmen zu können", so Gunnar Wöbke, Geschäftsführer der Fraport Skyliners, (FNP, 2014). Außerdem wird man durch den Hallenausbau neue Zu-schauereinnahmen generieren können und attraktiver für Sponsoren sein.

Tab. 1: Stärken-Schwächen Analyse

Stärken	Schwächen
Organisation Personalwesen	Traditionsarm
- klare Struktur, nachhaltig arbeitend	- Mitglied in der BBL erst seit 1999
Förderkreis	Kapital
- Vertreter aus Gesellschaft, Politik und Wirtschaft	- geringer Etat von nur 4,9 Millionen
Identifizierung der Region	Hallenausbau
- Nähe zu den Fans durch Nachwuchsförderung	- zu geringe Zuschauereinnahmen und Sponsoren-gelder

1.2 Chancen-Risiken Analyse

Neben einigen Stärken und Schwächen unterliegen auch die Chancen und Risiken der SWOT-Analyse. Durch den internationalen Erfolg mit der Teilnahme FIBA-Cup, könn-te ein Triumph gelangen, wie es erst drei deutsche Mannschaften schafften – zuletzt gelang dies vor sechs Jahren. Außerdem haben Erfolge dieser Art weitere Auswirkun-gen auf die Popularität eines Vereins für neue Sponsoren in und um Frankfurt. Zuletzt konnten die Fraport Skyliners den regionalen Sponsor für die Internationale Bühne „LOTTO Hessen" gewinnen (Nawrath, 2016). In der Steigerung des Bekanntheitsgrades liegt auch die Chance zur bestmöglichen Vermarktung des medialen Kanals. Bis zu 48

Begegnungen wird der Sportsender „Sport1" über die Saison ausstrahlen (Seemann, 2016).

Wie in vielen Sportarten ist der Erfolg einer Sportart an das Vorzeigebild „National-mannschaft" geknüpft. Fleming, Trainer der deutschen Basketball Nationalmannschaft ärgert sich darüber, dass die Nationalmannschaft nicht mehr den Stellenwert hat, den sie mal hatte (Spiegel Online, 2016). Mit Topspielern wie Nowitzki und jetzt auch Schröder ziehen sich immer mehr Spieler zurück und wollen sich auf ihren Ligaverein konzent-rieren, womit möglicherweise auch der Erfolg der Nationalmannschaft sinkt. Ein weite-res Risiko stellt der demografische Wandel in Verbindung des Rückgangs der Mitglie-derzahlen dar, welcher von 2014 auf das Jahr 2015 um 0,1% gesunken ist (DOSB, 2015). Weitere Einbußen der Mitgliederzahlen würden die Sportart Basketball in Deutschland noch unpopulärer machen, besonders auf professioneller Ebene.

Seit nun fünf Jahren ist die Fraport AG der Hauptsponsor der Skyliners. Die Abhängig-keit eines Investors dieser Größe ist immens hoch und stellt zugleich ein großes Risiko für den Verein dar.

Tab. 2: Chancen-Risiken-Analyse

Chancen	Risiken
Sportlicher Erfolg	Deutsche Nationalmannschaft
- internationale Bühne, FIBA Cup	- Misserfolg als Vorreiter
Popularität	Demografischer Wandel
- Aufmerksamkeit neuer Investoren und der Stadt	- Rückgang der Mitgliederzahlen
Einnahmequelle	Finanzielle Abhängigkeit
- TV und Mediengelder	- von Investoren wie derzeit Fraport

1.3 SWOT-Matrix

Die nachfolgende SWOT-Matrix zeigt in Tabellenform, die ausbaufähigen Chancen, geht auf Gefährdungen ein und konkretisiert im Hinblick auf die Stärken, wie sich die Fraport Skyliners dagegen absichern sollten. Gleiches gilt für die aufzuholenden Schwächen. Die SWOT-Matrix verknüpft die interne Stärken-Schwächen-Analyse mit der externen Chancen-Risiko-Analyse – hierfür werden jeweils zwei Strategiekombina-tionen ausgewählt und erläutert (Schumann, 2016, S. 54).

Tab. 3: SWOT-Matrix

Chancen / Gefährdungen	Chancen (**O**pportunities)	Risiken (**T**hreats)
Stärken / Schwächen	- Internationaler Erfolg - Mehr Aufmerksamkeit gegenüber Investoren und der Stadt Frankfurt erhalten - Einnahmequelle durch neue Medien	- Misserfolg der Nationalmannschaft - Rückgang der Mitgliederzahlen - Abhängigkeit von großen Investoren wie derzeit die Fraport AG
Stärken (**S**trengths) - Organisation Personalwesen - Förderkreis/ Kontakte - Nähe zur Region	**S-O-Strategie** - Neue internationale Stars (Spieler und Trainerstab) durch Erfolg auf europäischem Boden gewinnen - Nach internationalem Erfolg öffentliche Veranstaltung für neue Sponsoren und Investoren zur „Neu-Vermarktung"	**S-T-Strategie** - Internationale Spiele als Event „verkaufen" für regionale Aufmerksamkeit zur Mitgliedergewinnung - In Zusammenarbeit des Förderkreises ein Strategie für direkte Kontaktaufnahmen zu neuen Firmen
Schwächen (**W**eaknesses) - Traditionsarm - geringes Kapital - Hallenausbau	**W-O-Strategie** - Internationalen Erfolg als Druckmittel für die zeitgemäße Planung des Hallenausbaus gegenüber der Stadt Frankfurt verwenden - Kooperationen mit Firmen für feste Ticketabnahme, Mehrwert durch Networking - Traditionellen Partner gewinnen und mediales Portal auf öffentlichen Medien erweitern	**W-T-Strategie** - Finanz- und Investitionsplan aufstellen und ein 5-Jahresziel mit festen Investoren erarbeiten - Ausbau und Modernisierung des VIP-Bereichs zur verbesserten Atmosphäre und Möglichkeiten zu Firmeninternen Veranstaltungen

2 Merchandising und Licensing

2.1 Wer

Es wird das Modell der „Auslagerung betrieblicher Teilfunktionen" gewählt, weil sich nach Abwägung der nachfolgenden Punkte eine risikoärmere Variante als sinnvoll herausgestellt hat, das Modell nicht in Eigenregie zu führen.

- Personal (Wissen über Merchandising)
- Finanzielle Ressourcen
- Anzahl der Mitglieder im Verein
- Zuschauer pro Spiel (Heimspiele von Leistungsmannschaften)

Die optimale Lösung bietet eine Kooperation mit einem Textildienstleister und eigener Druckerei, welcher Merchandisingrechte erwirbt. Der Golfclub erhält auf Basis einer Kommissionsbestellung die Artikel und hat somit weder Lagerkosten oder ein finanzielles Risiko.

2.2 Was

Tab. 4: Sortimentsarchitektur

Artikel	Beschreibung	Sortimentsarchitektur
Polo-Shirt	Hochwertiges Shirt im klassischen „Tennis-Weiß". Links auf der Brust das Vereinslogo, auf dem Rücken der Slogan „DANKE est. 1991"	**Kernsortiment** - hohe Verkäuflichkeit - für Sportler und Fans am Spieltag - stilgerecht und für jede Altersklasse geeignet
Tennis-Cap	Sportcap in weiß und rosa. Vereinslogo vorne auf der Cap, hinten über dem Verschluss „est. 1991".	**Kernsortiment** - für Sportler und Fans am Spieltag - zweifarbig um die Verkäuflichkeit an Mann und Frau zu erhöhen
Handyschutzhülle	Hochwertige weiße Handyhülle (nur Iphone neuste Generation) mit Vereinslogo und goldener-schlichter Aufschrift unter dem Logo „est. 1991". Nur 191 Stück erhältlich weil extern angefertigt und Sonderedition	**Randsortiment** - hohe Verkäuflichkeit durch Verknappung - direkte Identifikation mit dem Verein im Alltag - Nutzeraffin

Regen/- Sonnenschirm	Weißer Regenschirm mit hochwerti-gem Rund-Holzgriff. Pro Schirmfalte im Wechsel das Vereinslogo und die Aufschrift „est. 1991"	**Zusatzsortiment** - Verkäuflichkeit mittel - Nutzeraffin durch doppelte Verwen-dungsmöglichkeit (Sonne/ Regen)
Handtuch	Großes Duschhandtuch in Weiß mit dem Slogan „My club – Success – est. 1991" bedruckt. Kleines Vereinslogo unter dem Slogan. Besonderheit: das Handtuch hat ein kleines Fach mit Reisverschluss was zum sicheren Verstauen von Wertsachen dient.	**Zusatzsortiment** - Verkäuflichkeit mittel - Sportleraffin - hohe Identifikation durch Jubiläums-Slogan zu deutsch „Mein Club" - Komfort durch Reisverschlusstasche
Gymsac	Moderner Beutel in schwarz mit dem Slogan „My Club – Success – est. 1991". Kleines Vereinslogo unter dem Slogan.	**Randsortiment** - Verkäuflichkeit mittel - hohe Nutzerfreundlichkeit - zweckdienlich (z.B. Schuhsack, Sportbeutel für Kinder)

2.3 Wem

Der Tennisverein, welcher sich selbst als sportlich, freundlich und familiär im Breiten- und Leistungssport bezeichnet ist im Tennissport etabliert. Da Tennis im Gegensatz zu anderen Sportarten bis ist hohe Alter gespielt werden kann (Worek, 2009, S. 22), wer- den sowohl Kinder- und Jugendliche als auch ältere Damen und Herren bis ins hohe Alter als Zielgruppe definiert. Bei der Erstellung des Merchandisingkonzepts liegt der Fokus der zuvor genannten Altersspanne ins besondere auf der primären Zielgruppe: Personen die dem Verein eine besondere Verbundenheit aufweisen und sympathisieren. Solchen Mitgliedern, Zuschauern und Anhängern ist aufgrund der Vereinsbekundung eine relativ hohe Kaufbereitschaft für Fanartikel zu unterstellen (vgl. Schumann, 2015, S. 327).

2.4 Bedingung

Es gilt die Strategie der Premiumpreispolitik, da die Artikel teilweise Sonderanfertigun- gen der Jubiläumsaktion sind und hochwertig verarbeitet werden. Des Weiteren wird die Produktverarbeitung personeller Aspekte und Ansprüche im Tennissport angepasst. Der externe Fanartikelproduzent wird ausgelagert und erhält im Rahmen eines Kompensati- onsgeschäfts eine kostenlos Jahreskarte zu allen Spielen sowie eine Werbefläche auf der

Homepage des Vereins. Alle Verkaufspreise sind in Zusammenarbeit mit dem Dienstleisters kalkuliert.

Tab. 5: Preise und Konditionen

Artikel	Preis
Polo-Shirt	25 €
Tennis-Cap	15 €
Handyschutzhülle	45 €
Regen/- Sonnenschirm	49 €
Handtuch	19 €
Gymsac	10 €

2.5 Kanäle

Der Vertrieb erfolgt lediglich in Eigenregie und wird über eine stationäre Verkaufsstelle auf dem Tennisgelände durchgeführt – direkt im Vereinsheim. Zu besonderen Veranstaltungen wie Spiele der Leistungsmannschaften oder Jubiläumsveranstaltungen wird zusätzlich eine nichtstationäre, mobile Verkaufsstelle am Center-Court des Geländes aufgestellt.

2.6 Begleitmaßnahmen

Für die Kommunikation des Fanartikelverkaufs steht dem Verein kein Budget zur Verfügung, weshalb folgende Maßnahmen zur Bewerbung der Fanartikel anzustreben sind:
- im Rahmen der Stadionzeitschrift, welche zu Spielen der 1. Mannschaft am Eingang erhältlich sind, wird auf der Titelseite geworben (Druck finanziert durch Sponsorengelder)
- der vierteljährliche Newsletter erhält einen Gutscheincode von 10% für die ersten 91 erworbenen Artikel (pro Einkauf nur auf 1 Artikel anrechenbar)
- Spieler/- innen der Leistungsmannschaften werben auf der Facebookseite des Vereins mit den verschiedenen Artikeln

2.7 Zeitraum

Das Konzept ist bereits einen Monat vor Erscheinen der Kollektion ausgearbeitet und wird bewusst vorher beworben. Somit entsteht ein Sog der Verknappung der verschiedenen Artikel und die Kommunikation untereinander wird gefördert. Der Verkauf selbst startet am Tag der Jubiläumsfeier (1. Mai 2017) und geht „solange der Vorrat reicht".

Von Mai bis Juli finden die sogenannten „Medenspiele" statt, wobei durch den Ansturm der Zuschauer, Fans und Vereinsangehörigen ein werben der Fanartikel am sinnvollsten ist.

3 Markenmanagement „SG Concordia 1958 Eschersheim e.V."

3.1 Situationsanalyse

Tab. 6: Situationsanalyse Concordia Eschersheim

Interne Rahmenbedingungen	Externe Rahmenbedingungen
Vorstand/ Verein	**Image des Vereins**
- erfahrene Menschen und selbst ehemals Spieler des Vereins (Gründungsmitglieder)	- sehr positives Image seit Beginn (sozial, loyal, gemeinnützig)
-Vertreter aus Recht und Wirtschaft beteiligt	- bekannt für: einziger Verein der Liga ohne feste
- Generationsübergreifend	Spielergehälter
- keine Investoren	- familiär
Mitarbeiter	**Wettbewerber**
- Trainer oftmals selbst Spieler der 1. und 2. Herrenmannschaft	- Ligamitstreiter (BSC SW 1919) auf gleicher Sportanlage ansässig
- Lizenzierte Trainer	- Konkurrenz durch großes Angebot an Amateur-
- ausschließlich ehrenamtliche Mitarbeit (Ausnahme Physiotherapeutin und Trainer 1. Mannschaft)	vereinen in Frankfurt
Marketing	**Infrastruktur**
- wird von Vorstand durchgeführt	- sehr gute Vernetzung durch öffentliche Verkehrsmittel
- externe (Vereinsangehörige) Ausarbeitung zur Gestaltung von Sonderaktionen: z.B. Fußballferiencamp	- eigene Parkplätze auf und vor dem Gelände
	- im Wohngebiet
- kein strategisches Marketing erkennbar	- direkte Nähe zum Stadtzentrum
Finanzen	**Presse**
- Schatzmeister (Statistiken, Kontrolle, Planung) in Zusammenarbeit des Vorstands	- sehr gut vertreten
- Fachliche/ steuerliche Experten im Vorstand vorhanden (daher keine externe Beratung notwendig)	- eigene Trainer/Verstandsmitglieder in der Presse tätig

Leistungsangebote	Networking/ Kontakte
- Amateurfußballverein mit Ambitionen	- beste lokale Vernetzung zur Presse
- 1. Mannschaft spielt Frankfurts höchste Liga	- beste Vernetzung zu lokalen Sozialeinrichtungen
- sehr engagiert in Jugend- und Sozialprojekten für Familien	- beste Vernetzung zu lokalen Radiosendern/ Musikern
- Feriencamps (auch für nicht Mitglieder) durch professionelle Ganztagsbetreuung	
- Versprechen: Ermöglichen für Jugendspieler der Teilnahme am weltgrößten Jugendturniers in Schweden (Gothia Cup)	

3.2 Unternehmens- und Markenziele

Um aus den Situationsanalyse Ziele für den Markenaufbau abzuleiten, unterscheidet man zwischen ökonomischen und psychografischen Zielen, sowie Ziele der internen Markenführung (vgl. Schumann, 2016, S 192). Für den Verein Concordia Eschersheim werden folgende Ziele ins Visier genommen:

- interne Markenführung Ziel: Employer Branding
- psychografisches Ziel: Markenloyalität steigern
- ökonomisches Ziel: Erhöhung Markenwert

Exzellente Markenführung setzt innen an, damit Mitarbeiter im Sinne der Marke denken, fühlen und handeln. Die hohe Relevanz der internen Markenführung für den Unternehmenserfolg wird in der Wissenschaft nicht mehr bestritten (Sponheuer, 2008, S.135). Ziel eines jeden Unternehmens, sollte also ein hohes Brand Commitment der Mitarbeiter sein. Die familiäre Atmosphäre leistet hierfür einen Grundstein der die Verbundenheit der Mitarbeiter im Verein als Botschafter und Repräsentanten steigern muss. In Frankfurts höchster Fußballliga genießt der Verein einen guten Ruf und weist eine hohe Bekanntheit auf. Die subjektiven Faktoren, wie zum Beispiel der Erfolg des Vereins bezieht sich auf das Kernprodukt der 1. Mannschaft. Derzeit steht diese Mannschaft so gut wie noch nie in der Vereinsgeschichte dar – 2. Platz in Frankfurts höchster Liga. Als einer von vielen Vereinen in Frankfurt lebt auch die Concordia von kurzfristigen Erfolgen und somit den Ansturm der Zuschauer. Aus diesem Grund wird das psychografische Ziel der Steigerung der Markenloyalität ausgegeben. Diese Markenloyalität ist ein subjektiver wahrgenommener Teil der Gesamt-Markenstärke und wird durch den kurzfristigen Erfolg der 1. Mannschaft gestärkt. Nach Sigrist (o.J.) stellt Markenloyalität keine Gewohnheit des Widerkaufs dar, sondern die bewusste Tat dessen. Schafft man es als Verein Fanloyalität zu kreieren, so erhöht sich gleichzeitig die Medienaufmerksamkeit und damit auch die Marketingeinnahmen – es kommt zum ökonomischen Erfolg (vgl. Schumann, 2016, S. 197). Ökonomischer Erfolg trägt zum dauerhaften Fortbestand des Vereins bei und könnte zukünftig in Jugendprojekte des Vereins investiert werden. Die Erhöhung des Markenwerts als ökonomisches Ziel betrachtet, wird durch Sponsoring- und Merchandisingeinnahmen generiert.

3.3 Markenidentität

Nach Riedmüller (2011, S. 51) erfolgt der Prozess zur Steuerung der Markenidentität eines Vereins nach vier Teilschritten:
1. Analysephase – Identitätsfindung
2. Planungsphase – Identitätsgestaltung
3. Umsetzungsphase – Identitätsvermittlung
4. Kontrollphase – Soll-ist-Abgleich

Im Rahmen der Aufgabenstellung ist auf das Leistungsversprechen, die Werte der Marke und die Markenkompetenz des Vereins einzugehen.

Die erste Phase beinhaltet die Herkunft der Concordia Eschersheim und wofür der Verein steht, um als verlässlich wahrgenommen zu werden. In den letzten sechs Jahren hatte der Verein mit insgesamt zwei Abstiegen in die tiefere Kreisliga A zu hadern, stieg aber jedes Mal direkt wieder auf. Mit einem Trainerwechsel (1. Mannschaft) vor zwei Jahren konnte sich der Verein in der höchsten Spielklasse Frankfurts festigen und durch die Kontakte des Trainers neue dynamische Talente gewinnen und gleichzeitig für eine familiäre Atmosphäre im Team sorgen. Der Verein steht für Loyalität, Ehrlichkeit und nun auch Nachhaltigkeit. Der Vereinseigene Slogan „In goals we trust" lässt den Glauben daran, die Sensation des Aufstiegs in die Gruppenliga zu schaffen. Nachhaltigkeit mit einst kreierten „Eigengewächsen" für den Herrenfußball des Vereins.

Die Planungsphase soll die gewollte Wahrnehmung des Vereins nach außen wiederspiegeln und beschreiben wie dies erreicht wird. Die Concordia ist bemüht als sozialer Verein, gemeinnütziger Tätigkeiten mit positivem Image in und um Frankfurt wahrgenommen zu werden. Das einzigartige Modell erreicht durch viele emotionale Alleinstellungsmerkmale diese Wiedererkennung.

In der Umsetzungsphase wird die Markenidentität in der Öffentlichkeit vermittelt. Spieler, Fans und Verantwortliche sind Teil des Vereins und sprechen darüber. Die Besonderheit, als Spieler der 1. Mannschaft kein Geld für Erfolg ausgezahlt zu bekommen wird offen kommuniziert.

Die letzte Phase, der Kontrolle des Soll-ist-Vergleichs zeigt anhand des Erfolgs, dass der Zusammenhalt und die familiäre Atmosphäre Leistung verspricht. Die Wahrnehmung der Öffentlichkeit weist positive Veränderungen auf. Hierbei ist zu beachten, dass dies sicherlich dem aktuellen Erfolg des Vereins obliegt. Eine stetige Entwicklungsarbeit mit dauerhaften Soll-Ist-Abgleich der Markenidentität muss also erfolgen.

3.4 Markenarchitektur

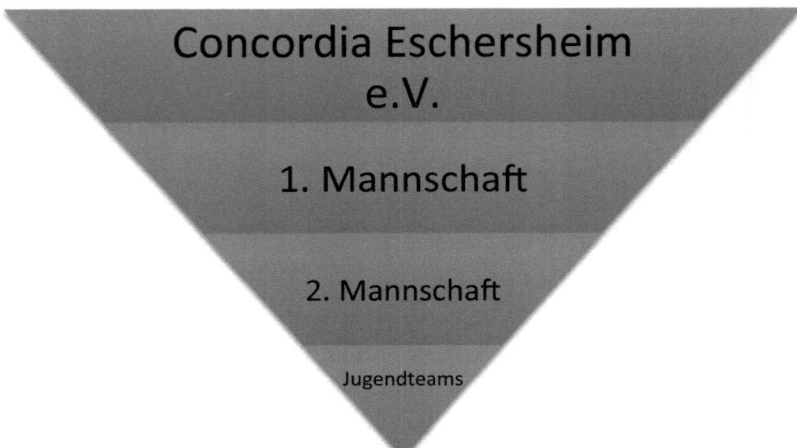

Abb. 1: Markenarchitektur (eigene Darstellung)

Bei der Concordia Eschersheim e.V. handelt es sich um eine Dachmarkenorganisation. „Sämtliche Produkte (die einzelnen Team des Vereins) eines Unternehmens werden bei der Dachmarkenstrategie unter einer Marke zusammengefasst" (Schumann, 2016, S. 190). Alle Mannschaften können zum Erfolg des Vereins beitragen, jedoch genau den Ruf des Vereins schädigen.

4 Sponsoring

4.1 Beschreibung fiktiven Wirtschaftsunternehmen

Das in der nachfolgenden Tabelle aufgeführte Unternehmen ist ein junges und dynamisches Unternehmen, welches sich speziell auf Ausdauersportler ausgerichtet hat. Die RunnerSocks GmbH fokussiert sich auf alle Sportler mit der Liebe am Laufsport und verkauft das besondere Laufgefühl direkt am Fuß. Der bisherige Distributionskanal beschränkte sich auf den direkten Vertrieb, wobei die RunnerSocks GmbH direkt an den Endkunden vermittelt (vgl. Schummann, 2016, S. 91). Es werden die klassischen „above the line" Instrumente der Kommunikation angewandt – Massenwerbung im Sinne der Medien-Werbung ohne Spezialisierung der Zielgruppe (Schumann, 2016, S. 260).

Tab. 7: Beschreibung RunnerSocks GmbH

Firma	RunnerSocks GmbH
Produkt	Laufsocken
Zielgruppe	Freizeitläufer, Wettkampf-Athleten, Fashion-Interessierte
Distributionskanäle	direkt an den Endkunden über Onlineplattform in elektronischer Form
Kommunikationsinstrumente	Media-Werbung, Above-the-Line-Kommunikation

4.2 Phasen des Sponsoringprozesses

Psychologische Werbeziele können insgesamt in drei unterschiedliche Kategorien unterschieden werden: kognitive (die Erkenntnis betreffend), affektive (das Gefühl betreffend) und konative (das Verhalten betreffend). Allesamt Ziele, die mit der Hilfe der Werbung erreicht werden sollen (BWL Insitut Basel AG, o.J. S.12).

Nach Bruhn ist in der Regel kaum eine Deckungsgleichheit zwischen Sponsor und Gesponsertem zu realisieren (2003, S. 71). Das Fallbeispiel der RunnerSocks GmbH zeigt, dass dies dennoch möglich ist. Der Veranstalter spricht erwachsene Menschen mit dem Hobby zu einem Kurzstreckenlauf (10km) sowie ambitioniertere Läufer des Halbmarathons an – Gleiches trifft auf die Klientel der RunnerSocks GmbH zu. Es entstehen zudem Synergieeffekte.

Oftmals werden im Sportsponsoring zusammengestellte Pakete des Veranstalters angeboten die lediglich klassischen Werbemaßnahmen enthalten. Bei der Planung von Einzelmaßnahmen, wie diese der RunnerSocks GmbH und deren Promotionstand mit Teststrümpfen, geht es jedoch vielmehr um das einsetzen der eigenen Produkte während der Veranstaltung, um bei den Teilnehmern und Zuschauern eine entsprechend werbliche Wirkung zu erzeugen (Bruhn, 2010, S.141).

Beim Sportsponsoring handelt es sich um eine wirtschaftliche Tätigkeit, die in der heutigen Betriebswirtschaftslehre immer durch eine konsequente Erfolgskontrolle der psychologischen oder ökonomischen Messgröße zu erfolgen hat. In dem genannten Fallbeispiel der RunnerSocks GmbH ist es wichtig die Erfolgskontrolle anhand der festgelten Ziele durchzuführen (Marwitz, 2008, S. 79). Zur kognitiven Erfolgsmessung testen die Befragten drei verschiedene Laufsocken, wovon ein Paar Socken der Marke Runner-Socks GmbH sind – Ergebnisse des durchgeführten Recognitiontests sollen zeigen, ob die besondere Passform als Wiedererkennungsmerkmal Wirkung hinterlassen hat.

Die affektive Erfolgsmessung wird im Sinne der Blickaufzeichnung durchgeführt. Die Durchführung erfolgt durch die Aktivierungsforschung zur Messung des Blickverhaltens beziehungsweise der visuellen Informationsaufnahme durch Registrierung der Augenbewegung beim Beobachter, wenn er sieht, dass diese Laufsocken eine Personalisierung durch Name und Wunschfarbe tragen.

Tab. 8: Phasen des Sponsoringprozesses

Festlegung der Ziele	Kognitiv: Produktmerkmal der besonderes Passform
	Affektiv: Emotionalisierung durch personalisieren der Laufsocken
Schnittmengenanalyse der Zielgruppen	fast komplette Deckungsgleichheit der internen und externen Zielgruppe
Beschreibung Sponsoring Einzelmaßnahmen	Bandenwerbung, Trikotwerbung bei Helfern, Werbung der KM-Stand Bannern, Werbung auf VIP-Einladungen der Läufer zur Afterparty, Promotionstand mit Laufband und Teststrümpfen
Beschreibung Erfolgskontrolle Sponsorships	Kognitive und affektive Messmethode durch Befragungen und Beobachtung

5   Literaturverzeichnis

Betriebswirtschaftliches Institut und Seminar Basel AG, (o.J.). Zugriff am 31.10.2016. Verfügbar unter http://www.bwl-institut.ch/probelektionen/Werbung.pdf

Büker, C. (2016). *Mitgliederzahlen im DBB*. Zugriff am 22.10.2016. Verfügbar unter http://www.basketball-bund.de/wp-content/uploads/mitglieder2015.pdf

Bruhn, M. (2003). *Relationship marketing: Management of customer relationships*. Pearson Education.

Bruhn, M. (2010). *Sponsoring: systematische Planung und integrativer Einsatz*. Springer-Verlag.

Frankfurter Neue Presse (2014). *„Wichtig ist, dass es uns noch gibt"*. Zugriff am 19.10.2016. Verfügbar unter http://www.fnp.de/lokales/frankfurt/bdquo-Wichtig-ist-dass-es-uns-dann-noch-gibt-ldquo;art675,752890

Gabler Wirtschaftslexikon (2016). *Stichwort: SWOT Analyse*. Zugriff am 17.10.2016. Verfügbar unter http://wirtschaftslexikon.gabler.de/Archiv/326727/swot-analyse-v3.html

Holz, S. (2016). *easyCredit BBL, Statistiken, ewige Tabelle*. Zugriff am 18.10.2016. Verfügbar unter http://www.easycredit-bbl.de/de/easycredit-bbl/historie/ewige-tabelle/

Holz, S. (2016). *easyCredit BBL, Statistiken, Zuschauer*. Zugriff am 18.10.2016. Verfügbar unter http://www.easycredit-bbl.de/de/statistiken/zuschauer/zuschauer-statistiken/

Klewehagen, M. (2015). *SPONSORs Verlags GmbH, BBL Saison 2015/2016*. Zugriff am 18.10.2016. Verfügbar unter http://www.sponsors.de/sites/default/files/11-15_22.pdf

Knaack, B. (2016). *Spiegel Online*. Zugriff am 21.10.2016. Verfügbar unter http://www.spiegel.de/sport/sonst/basketball-bundestrainer-chris-fleming-kritisiert-nationalspieler-a-1112921.html

Marwitz, C. (2008). Kontrolle des Sponsoring: Theoretische Grundlagen, „State of the Art" und Umsetzung in der Praxis. *Handbuch Sponsoring*.

Nawrath, T. (2016). *SKYLINERS GmbH, Mitarbeiter*. Zugriff am 18.10.2016. Verfügbar unter http://www.fraport-skyliners.de/wir/mitarbeiter/

Nawrath, T. (2016). *SKYLINERS GmbH, Förderkreis*. Zugriff am 18.10.2016. Verfügbar unter http://www.fraport-skyliners.de/wir/foerderkreis/

Nawrath, T. (2016). *SKYLNERS GmbH, LOTTO Hessen Internationaler Sponsor.* Zugriff am 21.10.2016. Verfügbar unter https://www.fraport-skyliners.de/news/artikel/datum/2016/09/15/lotto-hessen-wird-goldpartner-des-fiba-intercontinental-cup/

Riedmuüller, F. (2011). *Professionelle Vermarktung von Sportvereinen: Potenziale der Rechtevermarktung optimal nutzen.* Berlin

Schumann, O. (2015): *Studienbrief Sportmarketing.* Saarbrücken. Februar 2016.

Seemann, D. (2016). *Sport1 GmbH. BBL Live bei Sport1.* Zugriff am 21.10.2016. Verfügbar unter http://www.sport1.de/basketball/bbl/2016/06/sport1-zeigt-die-beko-basketball-bundesliga-weiterhin-live-und-exklusiv

Sigrist, T. (o.J.). *Markenloyalität.* Zugriff am 29.10.2016. Verfügbar unter http://www.business.uzh.ch/professorships/marketing/forschung/execsumdiplarb/Markenloyalitaet.pdf

Sponheuer, B. (2008). Interne Markenführung zwischen Anspruch der Wissenschaft und Unternehmenspraxis. In *Aktuelle Perspektiven des Marketingmanagements* (pp. 133-156). Gabler.

Worek, D. (2009). *Determinanten des Drop-outs im Tennis – Eine empirische Studie.* Karlsruhe: Fakultät für Geistes- und Sozialwissenschaften.

6 Abbildungs- und Tabellenverzeichnis

6.1 Abbildungsverzeichnis

6.2 Tabellenverzeichnis